Género Fantasía

I0799951

¿? Pregunta esencial

¿Cómo es el lugar donde vives?

Un puma muy puma

Ángeles Rossi
ilustrado por Claudia Rueda

Capítulo 1
Las cartas

Amigo Mapi:

¿Cómo estás? Hace mucho que no te veo. ¡Ven a mi casa aquí en el monte! Vamos a divertirnos porque yo soy un puma muy puma.

Pumi

Amigo Pumi, el puma muy puma:

¡Me gusta la idea!
Mañana mismo iré a tu casa
allá en el monte. Mamá y papá
mapache dicen que puedo ir. ¡Qué
divertido será!

Mapi

Capítulo 2

Mapi prepara el viaje

Mapi hace la maleta y canta:

¡Mañana me voy al monte, al monte!
Ya mismo hago mi maleta, maleta...
Pongo un pantalón y una camiseta.
Y para Pumi pongo pan y galleta.

En esta maleta voy a poner...
Voy a poner un juego, mis patines, más ropa, más cosas.

Está muy pero muy pesada.

—¡Pumi! —dice Mapi—. ¡Estás igualito!

—¡Mapi! —dice Pumi—. ¡Estás más igualito que yo!

—Mi maleta es muy pesada, Pumi. ¡Ayuda! —dice Mapi.

—Yo la llevo —dice Pumi—. Yo tengo mucha fuerza.

Capítulo 3

De paseo con Pumi

—¿Vamos a dar un paseo, Mapi?

—Sí, Pumi. ¿Llevo mis patines?

—No, Mapi. ¡Vamos a pie!

—¿Por qué te pones los lentes de sol, Pumi? —dice Mapi.

—¡Porque yo soy un puma muy puma! —dice Pumi.

—Él es Topo, Mapi. Vive bajo la tierra —dice Pumi.

—Hola, Topo —dice Mapi.

—Hola, Mapi. ¿Quieres ver mi casa?

—¿Es muy oscura? —dice Mapi.

—Sí, pero hay papas asadas.

—¡Pues vamos! —dice Mapi.

—Ella es Osa. Vive en una cueva.

—Hola, Osa —dice Mapi.

—Hola, Mapi. ¿Quieres ver mi casa?

—¿Da mucho miedo? —dice Mapi.

—Sí, pero hay pastel.

—¡Pues vamos! —dice Mapi.

—Mira, Mapi. Ella es Paloma. Vive en un nido —dice Pumi.

—Hola, Paloma —dice Mapi.

—Hola, Mapi. ¿Quieres subir a mi casa?

—¿Está muy alta? —dice Mapi.

—Sí, pero hay palomitas de maíz.

—¡Pues vamos! —dice Mapi.

Capítulo 4
La cena

Por la noche, todos comen con Pumi y Mapi. Pumi hace polenta con pepino. Está rica... ¡porque él es un puma muy puma!

Respuesta a la lectura

Volver a contar

Vuelve a contar detalles de *Un puma muy puma* con tus propias palabras.

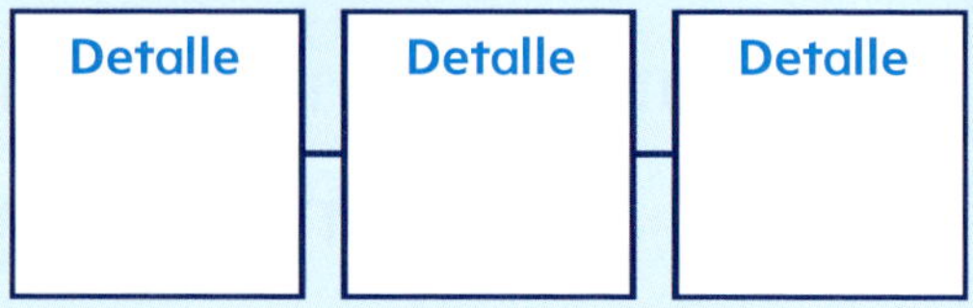

Evidencia en el texto

1. Mira la página 4. ¿Qué es lo primero que empaca Mapi?
   Detalles clave

2. ¿Qué animal visitan primero Pumi y Mapi? ¿Qué animal visitan al final? **Detalles clave**

3. ¿Cómo sabes que *Un puma muy puma* es un cuento de fantasía? **Género**

Género No ficción

Compara los textos

Lee para saber dónde viven algunos niños.

¿Dónde vivo?

Yo vivo en la ciudad.

Vivo en un departamento cerca del parque.

Por la calle pasan muchos carros.

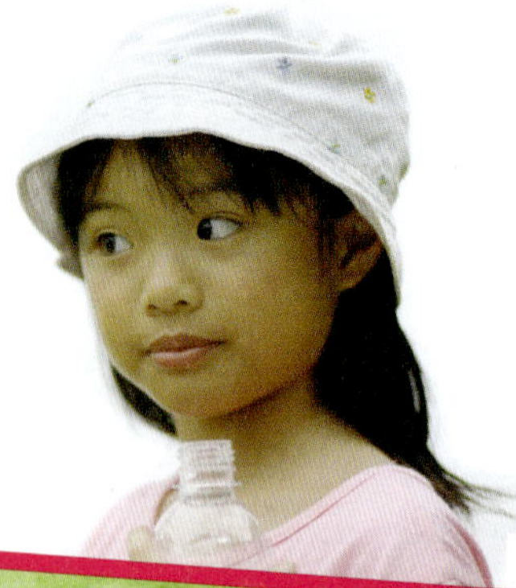

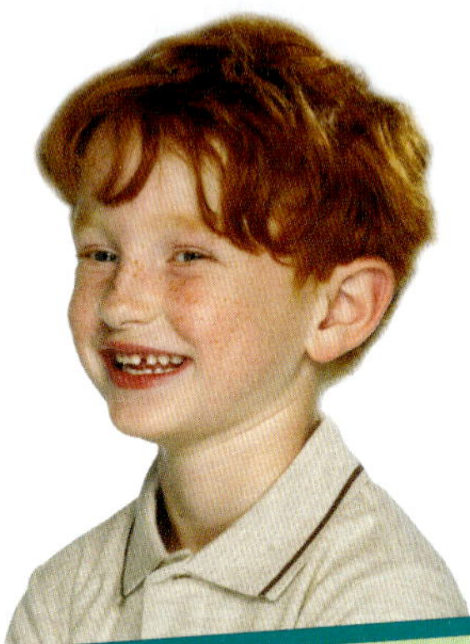

Yo vivo en un pueblo.

En mi calle está la escuela.

Mamá y yo vamos a la escuela a pie.

Yo vivo en el campo con mi familia.

Tenemos vacas y manzanos.

Hay un lago con patos.

¿? Haz conexiones

¿En qué se parecen los lugares de las dos lecturas? ¿En qué se diferencian?

El texto y otros textos

Enfoque:

Estudios Sociales

Propósito Explicar cómo es el lugar donde vives

Paso a paso

Paso 1 Haz un dibujo del lugar donde vives. Recuerda dibujar lo que hay afuera.

Paso 2 Escribe rótulos que expliquen por qué es especial el lugar donde vives.

Paso 3 Compara tus dibujos con los de un compañero. ¿En qué se parecen? ¿En qué se diferencian?